BEI GRIN MACHT SICH IHR WISSEN BEZAHLT

- Wir veröffentlichen Ihre Hausarbeit, Bachelor- und Masterarbeit

- Ihr eigenes eBook und Buch - weltweit in allen wichtigen Shops

- Verdienen Sie an jedem Verkauf

Jetzt bei www.GRIN.com hochladen und kostenlos publizieren

Mariya Beleva

Requirements Engineering - Begriffe und Prozesse des Requirements Engineering

GRIN Verlag

Bibliografische Information der Deutschen Nationalbibliothek:

Die Deutsche Bibliothek verzeichnet diese Publikation in der Deutschen National-
bibliografie; detaillierte bibliografische Daten sind im Internet über http://dnb.d-
nb.de/ abrufbar.

Impressum:

Copyright © 2003 GRIN Verlag GmbH
Druck und Bindung: Books on Demand GmbH, Norderstedt Germany
ISBN: 978-3-638-82111-7

Dieses Buch bei GRIN:

http://www.grin.com/de/e-book/19759/requirements-engineering-begriffe-und-
prozesse-des-requirements-engineering

GRIN - Your knowledge has value

Der GRIN Verlag publiziert seit 1998 wissenschaftliche Arbeiten von Studenten, Hochschullehrern und anderen Akademikern als eBook und gedrucktes Buch. Die Verlagswebsite www.grin.com ist die ideale Plattform zur Veröffentlichung von Hausarbeiten, Abschlussarbeiten, wissenschaftlichen Aufsätzen, Dissertationen und Fachbüchern.

Besuchen Sie uns im Internet:

http://www.grin.com/

http://www.facebook.com/grincom

http://www.twitter.com/grin_com

University of Applied Sciences

Requirements Engineering

Veranstaltung Organisationsmanagement

Wintersemester 2003/2004

Autorin: Mariya Beleva
BWL, 10. Semester

19. November 2003

Inhaltsverzeichnis

I. Motivation für Requirements

Das Scheitern von IT - Projekten ist eines der größten Probleme der IT - Branche. Wie die CHAOS Studie der Standish Group[1] 1998 darlegte, sind lediglich 26% aller Softwareentwicklungsprojekte erfolgreich und 28% scheitern ganz[2]. Als Hauptgrund wird angeführt, dass die Anforderungen an das System nur unzureichend oder schlecht formuliert sind und dass Änderungen an bereits vorhandenen Anforderungen nicht zentral verwaltet werden. Somit kommt es im Laufe des Projekts ständig zu Problemen, da nicht alle Beteiligte auf die jeweils aktuellen Anforderungen Zugriff haben[3].

II. Requirements Engineering – oder wie dokumentiere ich Anforderungen

„Das Requirements Engineering befasst sich mit dem Auffinden, dem Verstehen, der Dokumentation und der Überprüfung von Anforderungen an ein System. Es beschreibt einen systematischen Weg von der Projektidee über die Ziele zu einem vollständigen Satz von Anforderungen."[4] Neben dem Vorgehen werden auch Qualitätsmerkmale definiert, die jede einzelne Anforderung, aber auch das gesamte Anforderungsdokument erfüllen müssen. Es werden systematische Techniken und Methoden eingesetzt, um die Anforderungen zu erheben, diese dann darzustellen und zu prüfen. Das Ergebnis dieser Tätigkeiten ist die Anforderungsspezifikation, die sich im Projektverlauf ändert und folglich aktualisiert werden muss. Dazu benötigt es das Requirements Management, das als ein Bestandteil des Requirements Engineering angesehen werden kann.

1. Die Probleme und ihre Ursachen

Ein System kann aus verschiedenen Gründen unbrauchbar sein. Diese Probleme werden in verschiedenen Kategorien zusammengefasst:

> *Prozess*: Der Entwicklungsprozess selbst ist fehlerhaft, so dass z.b. Budgets und Zeitvorgaben nicht eingehalten werden können

> *Interaktion*: Das Softwaresystem arbeitet zwar korrekt, stellt aber nur einen geringen Nutzen für die Anwender dar

> *Erwartungen*: Die Erwartungen mindestens einer Interessengruppe (außer den Anwendern) konnten nicht erfüllt werden.

Die Ursachen für die Probleme lassen sich in folgenden Punkten unterteilen:

> **Entwicklungsprozess**: Fehlen eines Vorgehensmodells, Vernachlässigung oder mangelhafte Organisation der früheren Entwicklungsphasen

> **Kommunikation**: mangelhafte Kommunikation zwischen allen Beteiligten

---

[1] Vgl. [STGR]

[2] Vgl. [Youn01] S. 4

[3] Vgl. [CHAO98] S. 1

[4] Vgl. [Rupp01] S. 12

> ➢ **Wissen**: mangelhaftes Wissen und Verständnis sowie unzureichende Einsicht der Beteiligten bezüglich des Gesamtsystems

> ➢ **Dokumentation**: fehlerhafte, unvollständige oder ungenaue Dokumentation von Anforderungen

> ➢ **Management**: falsches Management von Personen und Ressourcen.

Das Ziel des Requirements Engineering ist die Behandlung der o. g. Ursachen um die Probleme effizient zu lösen. Diese Aufgaben sind in der folgenden Definition enthalten:

Requirements Engineering can be defined as the systematic process of developing requirements through an iterative co-operative process of analysing the problem, documenting the resulting observations in a variety of representation formats, and checking the accuracy of the understanding gained.[5]

Um den Begriff und die Aufgaben des Requirements Engineering besser verstehen zu können, sind zunächst die folgenden Fragen zu klären:

2. Was sind Requirements?

2.1. Definition

Requirements sind detaillierte Aussagen über zu erfüllende Eigenschaften oder zu erbringende Leistungen eines Erzeugnisses, eines Prozesses oder der an einem Projekt Beteiligten.

Für den Begriff Anforderung oder Englisch „Requirement" gibt es in der Literatur viele Definitionen.

Nach IEEE 610.12 – 1990 ist eine Anforderung[6]:

> ➢ Eine Bedingung oder Fähigkeit, die von einer Person zur Lösung eines Problems oder zur Erreichung eines Ziels benötigt wird.

> ➢ Eine Bedingung oder Fähigkeit, die eine Software erfüllen oder besitzen muss, um einen Vertrag, eine Norm oder ein anderes, formell bestimmtes Dokument zu erfüllen.

"Requirements are things that you should discover before starting to build your product.., something that the product must do or a quality that the product must have"[7].

2.2. Klassifikation

Die Anforderungen werden in der Literatur unterschiedlich unterteilt:

• **Funktionale Requirements** beschreiben die durch das Produkt auszuführende Funktionalität oder was das System (Produkt) aufgrund seiner Aufgabenstellung können muss[8] *(z.B. ein Bibliothekssystem soll dem Nutzer die Suche nach einem Leihobjekt durch die Angabe von Titel, Autor oder ISBN ermöglichen).*

---

[5] Vgl. [POH93]
[6] Vgl. [IEEE90] und [Glin02] S. 3
[7] Vgl. [RobSJ] S. 1 und 5
[8] Vgl. [RobSJ] S. 5

Die funktionalen Requirements beinhalten:

→ Eingaben: Daten, Ereignisse und deren Einschränkung

→ Funktionen, die das System ausführen können soll: Umformung von Daten und Verhaltensweisen, beschrieben durch extern sichtbare Effekte aus der Sicht des Benutzers oder der Systemumgebung

→ Ausgaben: Daten, Fehlermeldungen und Reaktionen des Systems

• **Nicht-funktionale Requirements** beschreiben die Eigenschaften und die Qualitäten, die das Produkt haben soll und mit denen die funktionalen Requirements ausgeführt werden. Es sind in der Regel Anforderungen an die „Anwenderfreundlichkeit, Wartbarkeit, Performance, Zuverlässigkeit"[9].

Dazu gehören noch die s. g. *inverse Requirements*, die die Grenzen des erlaubten Verhaltens beschreiben, *(z. B. die Nutzer haben keinen Zugriff auf persönliche Daten anderer Nutzer), Performance Requirements*, welche das Minimum einer akzeptierbaren Performance spezifiziert *(z. B. das System soll mindestens 20 Transaktionen in der Sekunde verarbeiten), Security Requirements, Look and Feel Requirements* etc.

• **Rahmenbedingungen** (engl. **Contraints**)[10] enthalten generelle Vereinbarungen und Einschränkungen bezüglich des Projekts und des Produkts. Beispielsweise sind dies Normen und Gesetze, Aussagen über den Nutzen, den das System erbringen soll, die Endnutzer und deren Kenntnisse und Fähigkeiten, aber auch andere externe Einflüsse, die innerhalb des Projektverlaufs von Bedeutung sind.

Nach ihrer Verbindlichkeit können die Anforderungen in fünf Grade gegliedert werden[11]:

• **Pflicht-Anforderungen** bedeuten, dass eine Forderung unbedingt erfüllt sein muss. Die Abnahme kann verweigert werden, wenn das System die Anforderung nicht erfüllt. Für Verpflichtungen schreibt man „Das System *muss...*". *(z. B. "Die Kundenliste muss alle lokal vorhandenen Vertragsinhaber mit wichtigen Attributen zeigen")*.

• **Wunsch-Anforderungen** drücken aus, dass es ganz gut wäre, wenn z.B. ein Bericht vom Entwickler wöchentlich erstellt wird. ("Das System *soll* die Auflisten - Schaltfläche grün darstellen").

• **Absichts-Anforderungen** drücken Zukunftspläne aus. Für Absichten schreibt man „Das System *wird...*". *(z. B. "Die Kundenliste wird insbesondere den Zugriff auf die Daten einer Stammnummer über die Namen der Vertragsinhaber erlauben")*.

• **Vorschlags-Anforderungen** bieten verschiedene Lösungsmöglichkeiten für ein Problem. *(z. B. „Gleichzeitig können bis zu 2000 Mitarbeiter mit dem System arbeiten")*.

• **Kommentare** werden dazu verwendet, um die Hintergründe zu erläutern. *(z. B. "Im Folgenden wird beschrieben, wie ein Bestellvorgang abläuft")*.

Die Herausarbeitung von Requirements von hoher Qualität setzt die Kenntnis von Kriterien zur Bewertung dieser Requirements voraus. Die Qualitätsmerkmale müssen für jede einzelne Anforderung erfüllt sein.

---

[9] Vgl. [VESH01] S. 65

[10] Vgl. [RobSJ] S.7

[11] Vgl. [VISEK]

2.3. Qualitätskriterien für Anforderungen

Kriterium	Beschreibung
Vollständigkeit	Abdeckung der gesamten Funktionalität
Korrektheit	Korrekte Wiedergabe der vom Stakeholder geforderten Funktionalität
Widerspruchsfreiheit	Konsistent in sich und gegenüber anderen Anforderungen
Eindeutigkeit	Ausschluss von mehrdeutigen Interpretationen
Testbarkeit	Überprüfung der realisierten Anforderungen durch Testfälle
Verständlichkeit	Verständlich für alle Stakeholder
Umsetzbarkeit/Realisierbarkeit	Umsetzung unter technologischen und systemspezifischen Punkten
Notwendigkeit	Nutzbarkeit aus der Anforderung resultierenden Funktionalität
Verfolgbarkeit	Eindeutige Identifizierbarkeit der Anforderung
Wiederverwendbarkeit	Allgemeingültigkeit, auch für andere Projekte anwendbar
Ökonomisch	„So viel wie nötig, so wenig wie möglich"
Bewertet	Möglichkeit der Priorisierung der Anforderungen

Abbildung 1: Qualitätskriterien für Anforderungen[12]

3. Beteiligte Personen – Stakeholder

Die Entwicklung eines Systems hat das Ziel, die Bedürfnisse mehrerer Personen, Gruppen und Institutionen zu befriedigen, wobei die Bedürfnisse und Ansprüche sehr unterschiedlich, auch gegenläufig und widersprüchlich sein können. All diese Personen und Institutionen, die von der Systementwicklung und natürlich auch vom Einsatz und Betrieb des Systems betroffen sind, werden als *Stakeholder* bezeichnet.[13] Dazu gehören auch Personen, die nicht in der Entwicklung mitwirken, aber das neue System z.B. nutzen, in Betrieb halten oder schulen.

Im Allgemeinen werden die folgenden Gruppen unterschieden: *Nutzer* des Systems (direkte und indirekte Anwender), *Betreiber* (technisches Personal, Schulungspersonal), *Entwickler* (Systemanalytiker und -designer, Programmierer, Projektmanagement), *Gruppen mit finanziellen Interessen* (Auftraggeber, Investoren, Verantwortliche, Verkäufer, Käufer), *Externe Körperschaften* (Genehmigungsbehörden) etc.

Da die Definition der Anforderungen den Erfolg der Systementwicklung stark beeinflusst, dürfen sie nicht nur von einer Person, sondern von vielen Stakeholdern festgelegt werden. Nur dadurch können alle erdenklichen Arten von Anforderungen gesammelt und abgeglichen werden.

---

[12] Vgl. [Rupp01] S. 24-29,45, [VESH01] S. 20-21, [Part98] S. 23-24 und [Glin02] S.7
[13] Vgl. [HANSE]

III. Requirements Engineering Prozess

Es gibt eine Reihe unterschiedlicher Aspekte und Herangehensweisen für das Requirements Engineering mit unterschiedlichen Vor- und Nachteilen in Abhängigkeit vom konkreten Einsatzfall. Deshalb lässt sich kein vollständiges Verfahren als universell erfolgreich anwendbar hervorheben.

Im Allgemeinen umfasst das Requirements Engineering einerseits die Ermittlung der relevanten Anforderungen an ein Softwaresystem und die Identifikation des Kontextes, in dem das zu erstellende System realisiert werden soll. Andererseits beinhaltet dieser Prozess die Dokumentation dieser Information in Form einer Spezifikation sowie die Analyse, die Validierung, die Verifikation und das Management von Anforderungen.

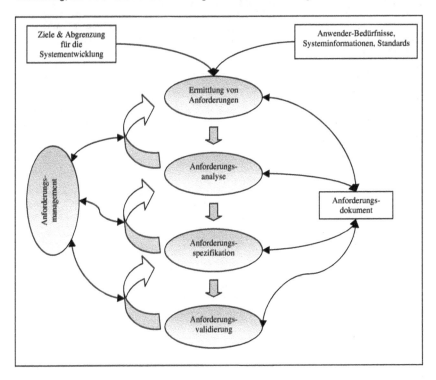

Abbildung 2:   Requirements Engineering Prozess

Die Prozessschritte des Requirements Engineering können wie folgt unterteilt werden:

1. Ermittlung von Anforderungen (Requirements Elicitation)

Das Ziel dieser Phase ist die Identifizierung von Anforderungen des Kunden sowie von Auflagen und Einschränkungen, die für die Realisierung des Systems relevant sind. Ein wesentlicher Erfolgsfaktor dabei ist die Berücksichtigung aller relevanten Informationsquellen.[14]

Zur Ermittlung der Anforderungen interviewt der Systemanalytiker ausgehend von den Projektzielen verschiedene potentielle Anwender und Verantwortliche, um einen fundierten Einblick in die Aufgaben des Systems zu erlangen und zu einer ersten Version des Anforderungsdokuments zu kommen.

Die Anforderungsermittlung umfasst folgende Arbeitsschritte:

▪ Ansprechpartner ermitteln - Es sollte sich um erfahrene Anwender, Anwendungsbereichsexperten und verantwortliche Führungskräfte handeln, welche Entscheidungsbefugnisse bei der Abstimmung der Anforderungen haben.

▪ Problemfeld abgrenzen - Es wird bestimmt, was nicht zu der Aufgabenstellung gehört.

▪ Umfeld beschreiben - Die Umgebung, in der das zu entwickelnde System einmal laufen soll, wird in diesem Schritt dargestellt. (z. B. Hardware-, Software-, Netzwerkarchitektur).

▪ Akteure identifizieren und beschreiben - In diesem Schritt wird definiert, welche Anwender welche Aufgabenstellung und Kompetenzen in dem Problemfeld haben.

▪ Anforderungen klären - In Gesprächen mit den Fachabteilungen werden unter Zuhilfenahme der Anwendungsfälle die generellen funktionalen und nicht-funktionalen Anforderungen und Zielvorstellungen der Betroffenen und Beteiligten ermittelt und in Gesprächsprotokollen erfasst.

▪ Anforderungen erfassen - Die Anforderungen werden einzeln mit einem Schlüssel und mit einer Nummer gekennzeichnet.

▪ Prioritäten setzen - Es wird geklärt, welche Aufgaben oder Probleme am dringendsten zu lösen sind und welche später gelöst werden können.

2. Anforderungsanalyse

Die Ermittlung der Anforderungen aus unterschiedlichen Quellen führt zu einer Reihe von Ungenauigkeiten, Widersprüchen und Inkompatibilitäten mit dem vorhandenen Budget. Die Anforderungen müssen deshalb im Detail analysiert werden.

Das Ziel der Anforderungsanalyse ist, aus den ersten erstellten Anforderungen eine vollständige Sammlung von qualitativ hochwertigen Anforderungen zu bilden. Der Systemanalytiker geht einzeln durch jeden Satz, um die Vollständigkeit und Richtigkeit der Anforderungen zu prüfen[15].

---

[14] Vgl. [VISEK]
[15] Vgl. [VISEK]

2.1. Prozessschritte

Die Anforderungsanalyse lässt sich in folgenden Schritten aufteilen:

- Anforderungen sprachlich überarbeiten - In diesem Schritt werden sprachliche Defekte erkannt und behoben.

- Anforderungen klassifizieren - Die sprachlich überarbeiteten Anforderungen werden nach ihren fünf Graden von Verbindlichkeiten klassifiziert, um eine Rangfolge der Wichtigkeit zu bilden.

- Anwendungsfallanalyse - Es wird eine Analyse durch die Stakeholder durchgeführt, um die ermittelten Anforderungen zu validieren.

- Aufklären der gefundenen Defizite mit Stakeholdern - Die gefundenen Defizite wie Widersprüche, Redundanzen, Unvollständigkeiten, Unklarheiten etc. werden in Gesprächen (Workshops) mit den Anwendern bzw. Stakeholdern diskutiert und aufgeklärt.

2.2. Probleme in der Anforderungsanalyse

Warum ist eigentlich die Anforderungsanalyse so schwierig?

- Unklare Zielvorstellungen an das System

Die Produkte werden von verschiedenen Personengruppen genutzt, die unterschiedliche Produktmerkmale verwenden, eine unterschiedliche Benutzungshäufigkeit haben und über ein unterschiedliches Bildungs- und Erfahrungsniveau verfügen. *(z. B. Wie kann ein Nutzer in einem Bibliothekssystem eine CD-ROM finden? Die hat möglicherweise einen Titel, aber nicht unbedingt einen Autor oder ISBN. Menügesteuerte Operationen sind für den erfahrenen Nutzer ineffizient. Buchstabenkürzel, wie sie z.b. für UNIX -Kommandos typisch sind, überfordern den Gelegenheitsnutzer).*

- hohe Komplexität der zu lösenden Aufgabe

Komplexe Aufgaben führen auch zu komplexen Anforderungen. *(z. B. die Aufgaben des Dispatchers eines Transportunternehmens sollen von einem Rechnersystem übernommen werden. Wie können die in die Entscheidungen einfließenden Erfahrungen und Randbedingungen berücksichtigt werden?)*

- Kommunikationsprobleme

Projektbeteiligte sprechen nicht die gleiche Sprache, weil sie in ihrem Sprachgebrauch durch ihre Umwelt und ihr Fachwissen geprägt sind. Es werden Synonyme und Homonyme (gleiche Bezeichnung für unterschiedliche Sachverhalte) verwendet. Das Projekt wird nicht in der Muttersprache der Projektbeteiligten beschrieben. Die exakte Beschreibung eines Sachverhaltes in der Muttersprache ist bereits schwierig, viel schwerer ist es in einer nur unzureichend beherrschten Fremdsprache. *(z. B. schlechte Übersetzung von Gebrauchsanleitungen).*

- Sich ständig verändernde Ziele und Anforderungen

Sich ändernde Rahmenbedingungen führen ebenfalls zu veränderten Anforderungen. Sollten sich sogar die Projektziele ändern, so müssen alle bisher aufgestellten Anforderungen daran überprüft werden.

Das Wegfallen von Anforderungen und den dahinter stehenden Funktionalitäten kann ebenfalls schwerwiegende Folgen haben.

- Qualitätsmängel

Mehrdeutigkeit ist ein Kernproblem bei der Dokumentation von Anforderungen, da sie unterschiedlich interpretiert werden können.

Redundanzen können bei Pflege, Weiterentwicklung und Änderung zu Problemen führen. Es muss gewährleistet werden, dass bei einer Änderung an einer Stelle der Anforderungsspezifikation an den dazu redundanten Stellen ebenfalls diese Änderungen vorgenommen werden. Erfolgt dies nicht, so entwickeln sich Redundanzen schnell zu Widersprüchen.

Wenn die *Angaben* zur Produkterstellung sehr *ungenau* formuliert sind, sind die Entwickler in solchen Fällen sehr stark auf sich gestellt und müssen dabei das Produkt quasi "selbst erfinden".

- Unnötige Merkmale

Die Kreativität und die oftmals vorhandene tief greifende Fachkenntnis von Entwicklern, die in vielen Fällen Projekte rettet, kann in anderen Fällen zu erhöhtem Aufwand und auch zu Fehlentwicklungen führen. Diese zusätzlichen Funktionen sind nicht im Anforderungsdokument enthalten. Wird diese Funktionalität vom Nutzer als unnützlich empfunden, so war der dafür eingesetzte Aufwand überflüssig.

Für diese unnötigen Merkmale gibt es keine Abnahmekriterien. Der Entwickler sollte in der Phase der Anforderungsermittlung seine Ideen, Alternativen und kreativen Methoden mit einbringen, damit diese in die Projektplanung ordnungsgemäß mit einfließen können. Auch Auftraggeber können zusätzliche Elemente einbringen, die keinen oder nur einen geringen Beitrag zur gewünschten Funktionalität leisten. Jede zusätzliche Funktionalität kostet Zeit und Geld und sollte auf ihren Beitrag zur Erreichung des Zieles hin überprüft werden.

- Ungenaue Planung und Verfolgung des Projektes durch ungenaue Anforderungen

Unzureichend formulierte Anforderungen haben oft zur Folge, dass die im Projekt verborgene Komplexität nicht erkannt wird.

3. Spezifikation von Anforderungen (Specification)

In dieser Phase werden die Anforderungen an das System dokumentiert. Die Anforderungsspezifikation wird in der Literatur auch als *Anforderungsdokument* bezeichnet.

3.1. Definition

„Die Menge aller beschriebenen Anforderungen bildet das Anforderungsdokument."[16] Im Anforderungsdokument werden die Anforderungen beschrieben, die zwischen Auftraggeber und Auftragnehmer zu vereinbaren sind. Sie müssen daher von beiden Seiten verstanden und möglichst vollständig und widerspruchsfrei akzeptiert werden.

---

[16] Vgl. [Rupp01] S. 30

3.2. Qualitätskriterien

Eine Anforderungsspezifikation muss bestimmte Qualitätskriterien erfüllen, um erfolgreich in einem Projekt eingesetzt werden zu können[17]:

- *Klare Strukturierung* – das Anforderungsdokument muss in seinem Umfang begrenzt und nach Kriterien sortiert werden.

- *Vollständigkeit* – das Anforderungsdokument soll alle Anforderung beinhalten, die relevant sind.

- *Modifizier – und Erweiterbarkeit* - Es gibt Anforderungen, die nachträglich geändert, neu hinzugefügt oder entfernt werden. Deswegen soll die Struktur und das Aufbau des Anforderungsdokuments leicht modifizier- und erweiterbar sein, um diese Änderungen aufnehmen zu können.

- *Sortierbarkeit* - Das Anforderungsdokument soll es ermöglichen, die Anforderungen nach verschiedenen Kriterien z.B. nach Wichtigkeit, Detaillierungsniveau, usw. zu sortieren.

- *Gemeinsam zugreifbar* - In größeren Projekten arbeiten mehrere Personen an einem Anforderungsdokument. Der Autor eines jeden Eintrags soll im Anforderungsdokument vermerkt werden und die Dokumente dürfen nur durch autorisierte Personen zugänglich gemacht werden. Schutzmechanismen sollen für die Anforderungsdokumente aufgebaut werden, die das Überschreiben von Informationen verhindern und Dateninkonsistenzen vermeiden.

3.3. Abgrenzung Lastenheft / Pflichtenheft

In den meisten Fällen wird die Aufgabenbeschreibung des Auftraggebers als Lastenheft, die Leistungsbeschreibung des Auftragnehmers als Pflichtenheft bezeichnet.

Das *Lastenheft* enthält die Zusammenstellung aller Anforderungen, die der Kunde, eventuell in Zusammenarbeit mit einem Entwickler, aufstellt. Es wird definiert, was wofür zu lösen ist und nicht, wie die Leistungen zu erbringen sind. Der Auftragnehmer analysiert diese Anforderungen und fügt neue hinzu, z. B. System- und Qualitätsanforderungen. Dieses Dokument enthält nun detailliert beschrieben Anforderungen, die als s. g. *Pflichtenheft* ein Bestandteil des Vertrages werden. Im Pflichtenheft wird definiert wie und womit die Anforderungen zu realisieren sind.[18]

4. Validierung / Verifikation von Anforderungen

Die **Validierung** von Anforderungen ist der Prozess, in dem das Anforderungsdokument überprüft wird, um sicherzustellen, dass das beschriebene System den Wünschen des Kunden entspricht. Die Anforderungen werden nicht nur einmal sondern zu verschiedenen Zeitpunkten des Requirements Engineering Prozesses validiert. Sie erfolgt in der Regel mit Inspektionen oder durch Gutachtergruppen. Ziel ist es, mit Hilfe von Checklisten Fehler, irrtümliche Annahmen, unklar bestimmte Begriffe und Abweichungen von üblichen Vorgehensweisen zu identifizieren.

---

[17] Vgl. [VISEK]
[18] Vgl. [VISEK]

Unter *Verifikation* wird die Überprüfung des Spezifikationsdokuments entsprechend formell festgelegter Zwangsbedingungen verstanden. Ziel der Verifikation ist es festzustellen, ob eine Anforderungsspezifikation bestimmte Kriterien wie Vollständigkeit, Konsistenz, Testbarkeit und Verständlichkeit erfüllt.

5. Management von Anforderungen

Das Requirements Management beschäftigt sich mit der eindeutigen Identifizierung der Anforderungen, ihrer Verfolgung sowie der Methodik und der Analyse von beabsichtigten Anforderungsänderungen während des Projektverlaufs. Damit umfasst dieser Prozess den ganzen Lebenszyklus des Produktes.

Dabei ist es notwendig, ein Verfahren einzusetzen, das Änderungen sammelt, sie überprüft und verarbeitet. Die Beziehungen, die zwischen den Anforderungen bestehen, müssen beachtet werden, da dies sonst zu Konsistenzproblemen führt[19].

Das Management des Requirements Engineering muss die folgenden Punkte umfassen:

- Planung von Kosten-, Zeit- und anderer Restriktionen

- Kopplung mit der generellen IT – Strategie des Unternehmens

- Beachtung der für das Requirements Engineering wichtigen Fähigkeiten

- Aufrechterhaltung der Kommunikation zwischen allen Beteiligten.

IV. Fazit

Durch die genaue Ermittlung, Dokumentation sowie Anpassung und Festlegung von Anforderungen während des gesamten Prozesses werden auch die Auswirkungen auf andere Kern-, bzw. Schlüsselpunkte wie z. b. Kosten, Personalwirtschaft, Training und Werkzeuge erfasst und spezifiziert. Dies hat wiederum zur Folge, dass die Komplexität der Projektidee und der einflussnehmenden Parameter besser eingegrenzt und erfasst werden. Ebenso werden durch den Einsatz von Standards und Modellen außer der Qualitätssteigerung im Entwicklungsprozess auch eine Überprüf- und Nachvollziehbarkeit geschaffen. Wenn Requirements Engineering richtig eingesetzt wird, ist dadurch ein effektives, effizientes und kostengünstiges Verfahren vorhanden, welches bei der Vermeidung von Störfaktoren hilfreich ist!

Ein modern geführtes Management zeichnet sich nicht durch die Kernaussage *„Erfahrung macht klug"* oder *„Learning by Doing"* aus, sondern durch den Einsatz von Requirements Engineering um zielgerecht und effizient die vorgegebenen Ziele zu erreichen!

---

[19] Vgl. [KoSo98] S. 11

V. Quellenverzeichnis

Bücher

[KoSo98] G. Kotonya, I.Sommerville: Requirements Engineering – Processes and Techniques, John Viley & Sons Verlag, New York 1998

[Part98] H. Partsch: Requirements Engineering systematisch, Springer Verlag, Berlin 1998

[RobSJ] S. Robertson, J. Robertson: Mastering the Requirements Process, Addison-Wesley Verlag, ACM Press, New York 1999

[Rupp01] C. Rupp: Requirements-Engineering und -Management, Hanser Verlag, München 2001

[VeSH01] G. Versteegen, K. Salomon, R. Heinold: Change-Management bei Softwareprojekten, Springer Verlag, Berlin 2001

[Youn01] R. R. Young: Effective Requirements Practices, Addison-Wesley Verlag, Boston 2001

Internet Quellen

[CHAO98] Ohne Verfasser: CHAOS: A recipe for success, The Standish Group International Inc., 1998, Link (CD), www.standishgroup.com/sample_research/PDFpages/chaos1998.pdf, Stand 17.11.2003

[Glin02] M. Glinz: Requirements Engineering – Grundlagen und Überblick, Institut für Informatik der Universität Zürich, Juni 2002, Link (CD), www.ifi.unizh.ch/groups/req/ftp/RE-Grundl_u_Ueberblick.pdf, Stand 17.11.2003

[HANSE] C. Rupp: Requirements Engineering und Management, Professionelle iterative Anforderungsanalyse für die Praxis, 2. Auflage, Mai 2002, Link (CD), www.hanser.de/leseprobe/2002/3-446-21960-9.pdf, Stand 17.11.2003

[NESTR] Informationssystemanalyse, Requirements Engineering, Universität GH Essen, Wirtschaftsinformatik und Softwaretechnik, November 2003, Link (CD), http://nestroy.wi-inf.uni-essen.de/Lv/isa/10-handout.pdf, Stand 17.11.2003

[STGR] Ohne Verfasser, Link www.standishgroup.com, Stand 17.11.2003

[VISEK] Ohne Verfasser: Viertuelles Software – Engineering – Kompetenzzentrum, Link www.visek.de/?7379, Stand 17.11.2003

Standards

[IEEE90] IEEE Std 610.12-1990: Glossary of Software Engineering Terminology, Approved 1990, IEEE-SA Standards Board

Requirements Engineering

I. **Motivation für Requirements**

II. **Requirements Engineering**
- *Requirements*
- *Stakeholder*

III. **Requirements Engineering Prozess**
- *Ermittlung von Anforderungen*
- *Anforderungsanalyse*
- *Spezifikation von Anforderungen*
- *Validierung / Verifikation von Anforderungen*
- *Requirements Management*

IV. **Fazit**

Verständnisprobleme

Was der Anwender
dem Entwickler sagte

Was der Entwickler
verstand

Was der Anwender
wollte

Was der Entwickler
bauen wollte

Was der Entwickler
baute

Was der Anwender
tatsächlich benötigte

Requirements Engineering

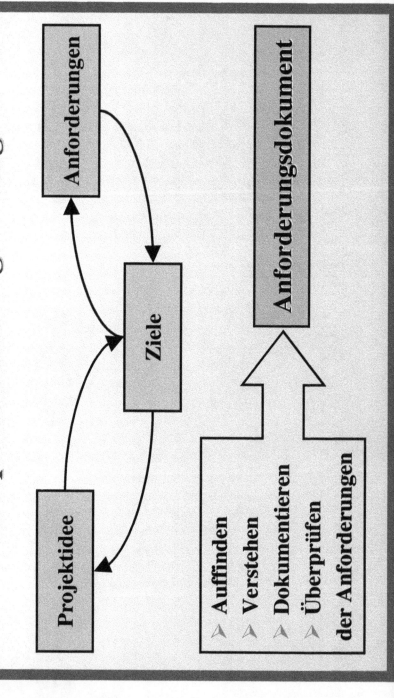

Requirements

„Detaillierte Aussagen über zu erfüllende Eigenschaften oder zu erbringende Leistungen eines Erzeugnisses, eines Prozesses oder der an einem Projekt Beteiligten."

Funktionale RQ	*Funktionalität*
Nicht-funktionale RQ	*Eigenschaften, Qualität*
Contraints	*Generelle Vereinbarungen*
Pflicht-Anforderungen	*Das System muss....*
Wunsch-Anforderungen	*Das System soll...*
Absichts-Anforderungen	*Das System wird...*
Vorschlags-Anforderungen	*Das System kann...*
Kommentare	*Hintergrundinformationen*

Qualitätskriterien für Requirements

Vollständigkeit *(Abdeckung der gesamten Funktionalität)*

Widerspruchsfreiheit *(Konsistenz)*
Eindeutigkeit *(Ausschluss von Mehrdeutigkeiten)*

Ökonomisch *(„So viel wie nötig, so wenig wie möglich")*

Testbarkeit *(Überprüfung durch Simulationen)*
Umsetzbarkeit *(technologische, systemspezifische Punkte)*

Wiederverwendbarkeit *(anwendbar für andere Projekte)*

Verständlichkeit *(für alle Stakeholder)*

Bewertbarkeit *(Priorisierung der Anforderungen)*

2+2=4
2+2=5

Stakeholder

Nutzer des Systems

Entwickler

Betreiber

Externe Körperschaften

Gruppen mit finanziellen Interessen

Requirements Engineering Prozess

Ziele & Abgrenzung für die Systementwicklung

Anwender-Bedürfnisse, Systeminformationen

Anforderungs-Dokument

Ermittlung von Anforderungen

Anforderungs-analyse

Anforderungs-spezifikation

Anforderungs-validierung

Ermittlung von Anforderungen

Ziel:

- Identifizierung von Anforderungen des Kunden & Auflagen und Einschränkungen bzgl. des Systems

Arbeitsschritte:

- Ansprechpartner ermitteln
- Problemfeld abgrenzen
- Umfeld beschreiben
- Akteure identifizieren und beschreiben
- Anforderungen klären
- Anforderungen erfassen
- Prioritäten setzen

Anforderungsanalyse

Prozessschritte:

① Sprachliche Überarbeitung

② Klassifizierung

③ Anwendungsfallanalyse

④ Aufklärung der Defizite

Probleme:

- Unklare Zielvorstellungen
- Hohe Komplexität der Aufgaben
- Kommunikationsprobleme
- Qualitätsmängel
- Sich ständig verändernde Ziele und Anforderungen
- Unnötige Merkmale
- Ungenaue Planung und Verfolgung durch ungenaue Anforderungen

Anforderungsspezifikation

Qualitätskriterien:

- ◌ **klar strukturiert**
- ◌ **vollständig**
- ◌ **modifizier- und erweiterbar**
- ◌ **sortierbar**
- ◌ **gemeinsam zugreifbar**

Anforderungsdokument

1. Einführung
2. Generelle Beschreibung
   (a) Systemumgebung
   (b) Entwicklungsumgebung
   (c) Benutzerkreis
3. Anforderungen
   (a) Funktionale
   (b) Nicht-funktionale
   (c) ....

Pflichtenheft

Lastenheft

Validierung / Verifikation

Validierung:

- **Sicherstellen, dass das System den Wünschen des Kunden entspricht**

- **Inspektionen, Gutachtergruppen, Checklisten**

Verifikation:

- **entsprechend formell festgelegter Zwangsbedingungen**

- **Erfüllung bestimmter Kriterien**

Überprüfung des Anforderungsdokumentes

Requirements Engineering Prozess

Ziele & Abgrenzung für die Systementwicklung

Anwender-Bedürfnisse, Systeminformationen

Anforderungs-Dokument

Ermittlung von Anforderungen

Anforderungs-analyse

Anforderungs-spezifikation

Anforderungs-validierung

Requirements Management

Erfahrung macht klug???

Learning by doing???

Requirements Engineering

Danke!!!